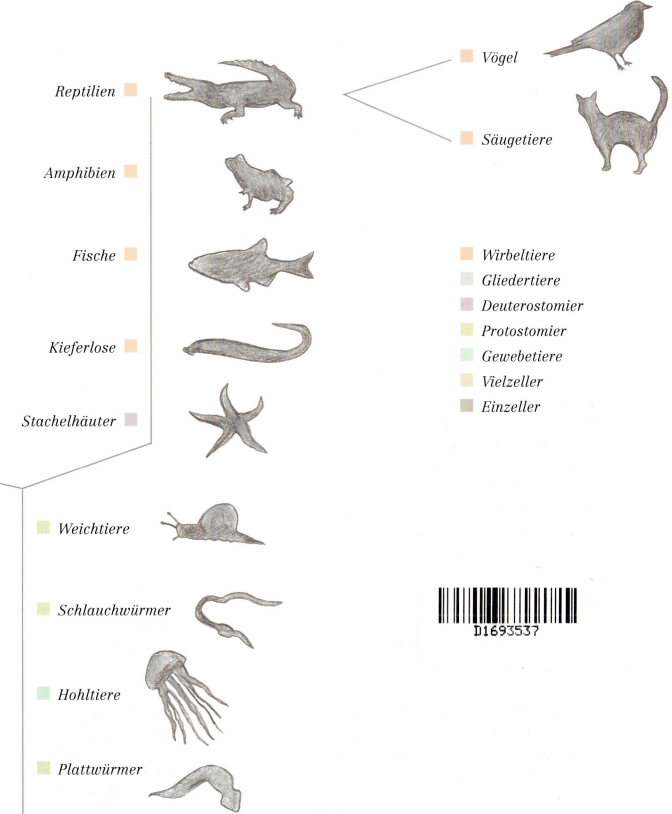

Porifera

Weil Schwämme gut sichtbare Poren (»pori«) haben, und weil »tragen« lateinisch »ferre« heißt, braucht die Wissenschaft den Begriff *Porifera* als Stammesname für alle Lebewesen, die zur Gruppe der Schwämme gehören.

Naturforscher benutzen Latein noch heute als Wissenschaftssprache. Du kennst das vielleicht von den Bezeichnungen für Dinosaurier. Jede Pflanze und jedes Tier kann so weltweit eindeutig benannt werden. Deshalb haben viele Schwämme, die in diesem Buch vorgestellt werden, gar keinen deutschsprachigen Namen.

Allen kleinen und großen Forscherinnen und Entdeckern,
für die ein Schwamm mehr als nur ein Gebrauchsgegenstand ist.

Für Daniela, Erich und Heidi
und mit Dank an Eva Rust, Hans ten Doornkaat und Eva Sixt

Autorin und Verlag danken für die wissenschaftliche Beratung
Prof. Dr. Antje Boetius, Alfred-Wegener-Institut, Helmholtz Zentrum für Polar und Meeresforschung

Ninon Ammann (Text und Bilder): Wundertier Schwamm
Textredaktion: Hans ten Doornkaat und Eva Sixt

Atlantis, ein Imprint von Orell Füssli Verlag
www.atlantis-verlag.ch
© 2019 Orell Füssli Sicherheitsdruck AG, Zürich

Typografie: Manuel Süess, Zürich
Druck: Grafisches Centrum Cuno, Calbe (Deutschland)
ISBN 978-3-7152-0749-0
1. Auflage 2019

Dieses Werk ist urheberrechtlich geschützt. Dadurch begründete Rechte, insbesondere der Übersetzung, des Nachdrucks, des Vortrags, der Entnahme von Abbildungen, der Funksendung, der Mikroverfilmung oder der Vervielfältigung auf andern Wegen und der Speicherung in Datenverarbeitungsanlagen, bleiben, auch bei nur auszugsweiser Verwertung, vorbehalten. Vervielfältigungen des Werkes oder von Teilen des Werkes sind auch im Einzelfall nur in den Grenzen der gesetzlichen Bestimmungen des Urheberrechtsgesetzes in der jeweils geltenden Fassung zulässig.

Bibliografische Information der Deutschen Nationalbibliothek
Die Deutsche Nationalbibliothek verzeichnet diese Publikation in der Deutschen Nationalbibliografie; detaillierte bibliografische Daten sind im Internet abrufbar über http://dnb.de

Wundertier
Schwamm

Ninon Ammann

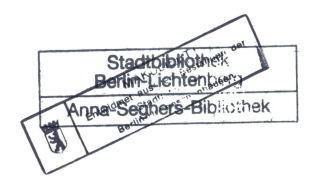

atlantis thema

Älter als alle Saurier

Schwämme gehören zu den ältesten Lebewesen der Erde. Sie lebten schon lange bevor die ersten Saurier sich entwickelten.
Diese sind wieder ausgestorben, Schwämme leben noch heute.

Die Erde nennt man auch den »blauen Planeten«, weil mehr als zwei Drittel ihrer Oberfläche mit Wasser bedeckt sind. Die Ozeane bilden den größten Lebensraum. In den Tiefen der Meere, aber auch in Seen und Flüssen leben die rund 8000 Schwammarten, die wir heute kennen.

Schwämme entwickelten sich vor ungefähr 750 Millionen Jahren; moderne Menschen erst vor 300 000 Jahren.

Uralt und immer noch gleich

Der älteste Schwamm
Schwämme lebten also schon lange vor den ersten Sauriern auf der Erde. Aber natürlich ist kein einzelner Schwamm so alt, auch wenn Schwämme zu den Lebewesen gehören, die extrem alt werden können. In den kalten Meeren rund um die Antarktis lebt ein Schwamm, der über 10 000 Jahre alt ist. Er gehört zur Art *Anoxycalyx joubini*.

Andere Tiere passten ihren Körperbau im Lauf von Jahrmillionen immer wieder der Umwelt an. Schwämme haben auch eine große Formenvielfalt, sie veränderten sich aber weniger als andere Tiergruppen. Offensichtlich war das nicht notwendig. Die einfach gebauten Tiere hatten schon früh alle Eigenschaften, die sie brauchten, um zu überleben.

Heute gibt es auf der ganzen Welt nur wenige Tiere, die noch so aussehen wie zur Zeit der Dinosaurier. Viele von ihnen leben im Wasser.

Neopilina galathea

Schon vor etwa 440 Millionen Jahren lebten Schnecken in den Meeren, die diesem Weichtier ähnlich sahen. Es ist ungefähr 3 cm groß.

Löffelstör *(Polyodon spathula)*

Den Löffelstör gibt es seit 250 Millionen Jahren. Heute kommt er hauptsächlich in Nordamerika vor. Er wird zwei Meter lang und ernährt sich von Krebsen und Plankton, indem er mit weit herunterhängendem Unterkiefer durch das Wasser schwimmt.

Perlboot *(Nautilus)*

Vor mehr als 60 Millionen Jahren entwickelten sich diese Kopffüßer. Ihre Vorfahren waren die Ammoniten, deren Schalen man oft versteinert findet. Perlboote sind mit den Tintenfischen verwandt, aber sie besitzen eine harte Schale. Es gibt mehrere Arten, die sich von Krebsen und Aas ernähren.

Quastenflosser *(Latimeria chalumnae)*

Der mit dem Lungenfisch verwandte Quastenflosser lebt seit 410 Millionen Jahren nahezu unverändert auf der Erde. Er wird bis zu zwei Meter lang und hat ungewöhnliche Flossen mit fleischigen, beweglichen Stielen.

Lungenfisch *(Neoceratodus forsteri)*

Der Australische Lungenfisch ist seit 250 Millionen Jahren auf der Erde. Er wird bis zu einem Meter lang und kann mit Lungen oder mit Kiemen atmen. Der nachtaktive Fisch lebt in Flüssen und ernährt sich von Fröschen, Wirbellosen und Wasserpflanzen.

Koboldhai *(Mitsukurina owstoni)*

Solche Haie schwammen schon vor 125 Millionen Jahren in den Meeren. Der Koboldhai wird 3 bis 4,5 Meter lang. Für Menschen ist er völlig ungefährlich, da er sich nur von Tintenfischen und Krebsen ernährt.

Pfeilschwanzkrebs *(Limulus polyphemus)*

Die Tiere gibt es seit 440 Millionen Jahren. Sie werden bis 60 cm lang, leben am Meeresboden in 10 bis 40 Meter Tiefe und ernähren sich von Muscheln und anderen Weichtieren. Sie können sich im Sand eingraben.

Protoanguilla palau

Dieses Tier, das den Aalen ähnlich ist, gab es bereits vor über 200 Millionen Jahren. Der Fisch, der bis 17 cm Körperlänge erreicht, wurde in einer Unterwasserhöhle bei der Inselgruppe Palau im Pazifik entdeckt.

Bewegen und nicht bewegen

Etwas haben Schwämme mit Pflanzen gemeinsam: Sie leben angewachsen auf festem Grund. Sie haben zwar keine echten Wurzeln wie Pflanzen, können sich aber gut am Meeresboden festhalten. Manche wachsen auch flächig wie Moose auf Steinen und Riffen.

Rundherum verändert sich immer wieder etwas, während der Schwamm langsam wächst. Und doch überdecken ihn keine Algenschichten, denn seine Oberfläche ist schleimig-weich und beweglich. Viele Schwämme bilden auch Abwehrstoffe, die sie gegen Kleinstlebewesen und Algenbewuchs schützen.

In vielen Formen und Farben

Wer nur an den Badeschwamm denkt, erkennt kaum die Formenvielfalt von Schwämmen.

Fingerförmig
z.B. der Rote Fingerschwamm

Variantenreich angeordnet
z.B. der Verzweigte Röhrenschwamm

Aufsitzend
z.B. der Rote-Bohrschwamm, der hier auf einer Hirnkoralle sitzt.

Einige sehen wie Korallen aus, andere wie Kunstwerke aus Glas, wieder andere wie Steine. Und neben solchen mit leuchtenden Farben gibt es auch braune oder graue Schwämme, die gar nicht auffallen.

Weich (ohne Skelett)
z.B. der Gallertschwamm

Rund
z.B. die Meerorange

Tütenartig
z.B. der Neptunschwamm

Vasenartig
z.B. der Tonnenschwamm

*Atemorgan
Lunge*

*Atemorgan
Kiemen*

Der Schwamm ist ein Tier

Ein Schwamm hat weder Herz noch Magen. Er hat auch keine Knochen, keine Muskeln und kein Gehirn. Er kann weder riechen noch hören, weder sehen noch tasten. Und doch ist er ein Tier, denn wie alle Tiere muss ein Schwamm fressen. Tiere gewinnen ihre Aufbaustoffe und ihre Energie aus der Nahrung, während Pflanzen diese selbst herstellen, mit der Energie des Sonnenlichts. Diesen Vorgang nennt man Photosynthese.

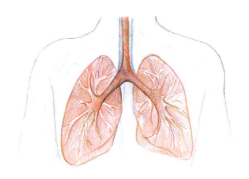

*Atemorgan
Lunge*

Was ist Sauerstoff?
Ohne Sauerstoff gäbe es kein Leben auf der Erde. Pflanzen und Algen produzieren bei der Photosynthese Sauerstoff. Tiere nehmen dieses Gas aus der Luft oder aus dem Wasser. So wie Holz ohne Sauerstoff nicht brennen und Wärme entwickeln kann, so kann ein Tier die aufgenommene Nahrung nur mit Sauerstoff in Energie verwandeln. Der verbrauchte Sauerstoff entweicht als Kohlendioxid.

Sonnenlicht *CO₂*

Photosynthese

CO₂

O₂

Alle atmen

Die meisten Landtiere und die Vögel nehmen den Sauerstoff auf, indem sie Luft in ihre Lunge saugen. Dort gelangt der Sauerstoff durch dünne, durchlässige Häute in die Blutbahnen. Die roten Blutkörperchen transportieren den Sauerstoff dann überall hin im Körper.

Fische müssen den Sauerstoff aus dem Wasser nehmen. Fast alle Fische haben Kiemen statt Lungen. Das Wasser strömt zwischen den feinen Häuten der Kiemen hindurch, wo der Sauerstoff in die Blutgefäße wechseln kann. Delphine und Wale sind Säugetiere und haben Lungen.

Schwämme haben weder Lungen noch Kiemen. Sie pumpen das Wasser durch ihr Gewebe. Ihre Zellen nehmen so den Sauerstoff direkt auf.

Die Schwämme kann man in drei Gruppen unterteilen:

Hornkieselschwämme (Demospongiae) sind die meist verbreitete Schwammgruppe. Sie wachsen in den verschiedensten Lebensräumen und leben als einzige Schwämme auch in Seen und Flüssen.
Man findet sie weltweit in allen Farben: Gelb, Rot, Lila, Grün, Orange und anderen mehr. Auch der Badeschwamm gehört in diese Gruppe.

Glasschwämme (Hexactinellida) gedeihen in allen Weltmeeren, bevorzugt in mehr als 100 Metern Tiefe.
Mit ihren Hohlräumen bieten sie besonders in den eisigen Meeren um die Antarktis vielen Kleintieren geschützte Lebensräume.
Sie bilden aber auch in wärmeren Gebieten und flachen Polarmeeren große Riffe.
Versteinerungen beweisen, dass Glasschwämme zu den ältesten Schwammtypen gehören.

Auch Schwämme haben ein Skelett
Genau wie Menschen, Fische und fast alle anderen Tiere haben Schwämme ein Skelett, das ihren Körper stützt. Es besteht aus harten Teilchen, die der Schwammkörper bildet. Die meisten Skelettteilchen sind sehr klein, aber bei einigen Arten können sie 3 m lang werden. Jede Schwammart besitzt typische Skelettteile, die wunderschön und gleichmäßig geformt sind. Manche sehen aus wie Nadeln, andere wie winzige Anker, Sterne oder Pfeile mit Widerhaken. An diesen Gebilden kann man erkennen, zu welcher Art ein lebender oder versteinerter Schwamm gehört.

Kalkschwämme (Calcarea) sind vor allem in flachen tropischen Gewässern anzutreffen. Ihre Körper können lang wie ein Schlauch oder oval wie eine Feige geformt sein und weiß aussehen.

Schwämme filtern Wasser

Schwämme können das Meerwasser von Trübstoffen reinigen. Es gibt verschiedene Filtersysteme, aber das Grundprinzip ist bei allen Schwämmen gleich:
Das Wasser strömt durch die vielen Poren in den Schwamm und wird gefiltert.

So viel Wasser pro Tag

Ein fußballgroßer Schwamm filtert täglich etwa 3000 Liter Wasser. Mit dieser Wassermenge könnte man 12 Badewannen füllen.

Verschiedene Filtersysteme:

Ascon
Schwämme mit dieser Bauart werden kaum größer als 2 mm. Ihr einfaches Kanalsystem kann zu wenig leisten, um einen größeren Körper zu bilden.

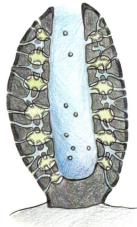

Sycon
Die Oberfläche des verzweigten Kanalsystems ist größer. So kann dieser Schwammtyp mehr Wasser filtern.

Leucon
Diese Schwämme haben auch Geißelzellen im Innern der Wand. Sie können so noch wirksamer filtern, und ihre Körper haben dicke Wände. Alle großen Schwämme sind so gebaut.

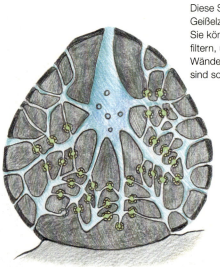

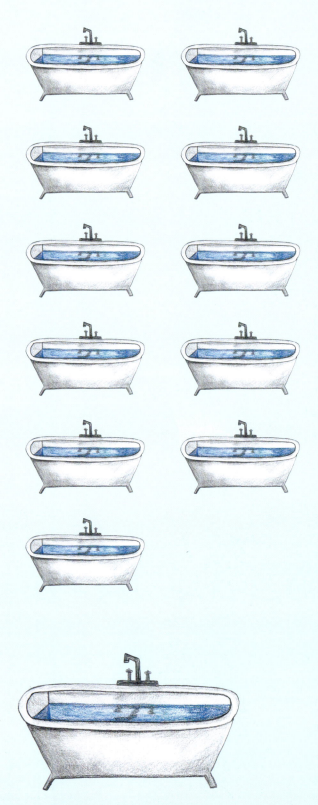

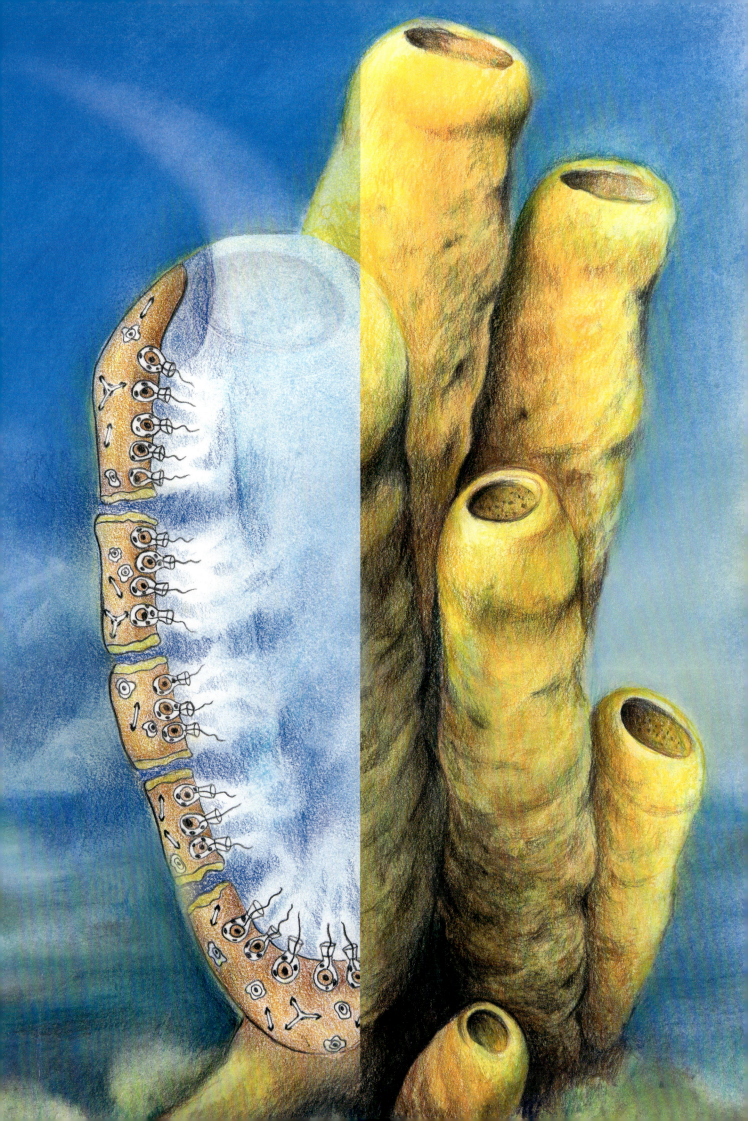

Kleinstlebewesen im Meerwasser

In einem Tropfen Meerwasser tummeln sich Millionen von einzelligen Lebewesen; vor allem Bakterien, die nur wenige Tausendstel Millimeter groß sind. Diese sieht man nur unter dem Mikroskop. Schwämme filtern sie aus dem Wasser, ernähren sich von ihnen oder geben ihnen in ihrem Gewebe ein Zuhause.

»Apotheke des Meeres«

Weil Schwämme auch Krankheitserreger aus dem Wasser herausfiltern, müssen sie sich gleichzeitig gegen diese schützen. Dazu können sie unterscheiden, welche Kleinstlebewesen für sie nützlich und welche schädlich sind. Gegen schädliche müssen sie Abwehrstoffe produzieren. Dabei helfen ihnen nützliche Bakterien. Die hausen in den Schwammwänden und machen einen Teil der Schwammmasse aus. Verschiedene Bakterien spielen also ganz unterschiedliche Rollen für einen Schwamm.

Heute verwenden wir verschiedene Stoffe aus Schwämmen in der Medizin. Schwämme werden dabei geerntet und zu Pulver zerrieben, die Wirkstoffe werden herausgelöst und als Arzneimittel eingesetzt. Andere dienen als Grundstoff für Medikamente. Immer öfter aber entschlüsseln Chemiker die Naturstoffe und stellen sie dann im Labor her.

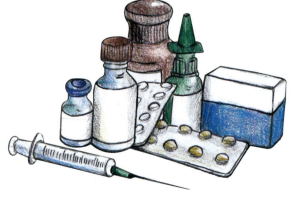

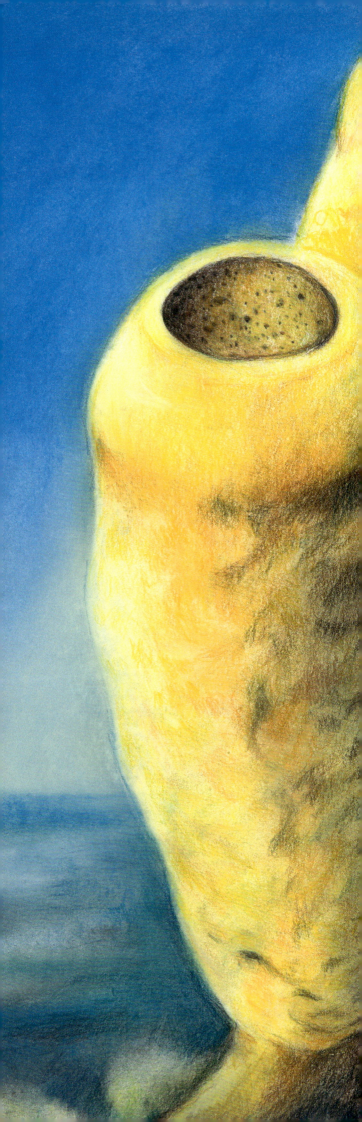

Wasseraufnahme

Kanäle und Kammern leiten das Wasser von außen in einen großen Innenraum. Im Wasser schwimmen winzige Teilchen, wie kleine Algen, Krebse und Larven, aber auch Sand und Ausscheidungen von Meerestieren. Außerdem enthält das Wasser Bakterien und Viren, die nur unter einem Mikroskop zu erkennen sind. Es strömt durch die Poren in den Hohlraum des Schwammes.

Ernährung und Reinigung

Im Innenraum bewegen Geißelzellen das Wasser. Die mikroskopisch kleinen Teilchen werden durch das rhythmische Hin–und–herschlagen herangestrudelt. Die Schwebeteilchen bleiben am schleimigen Kragen der Geißelzellen hängen.

Der Schwamm filtriert alle Teilchen heraus. Was die Zellen verdauen können, dient ihnen als Nahrung. Unverdauliches scheiden sie aus.

Gefiltertes Wasser

Schließlich fließt das gefilterte Wasser durch eine größere Öffnung wieder ab. Diese ist meist im oberen Teil des Schwammes und wird Osculum genannt.

Schwämme tragen so dazu bei, dass das Wasser gereinigt wird. Dabei sind sie auf Bakterien angewiesen, genau wie die Kläranlagen, die unser Abwasser reinigen.

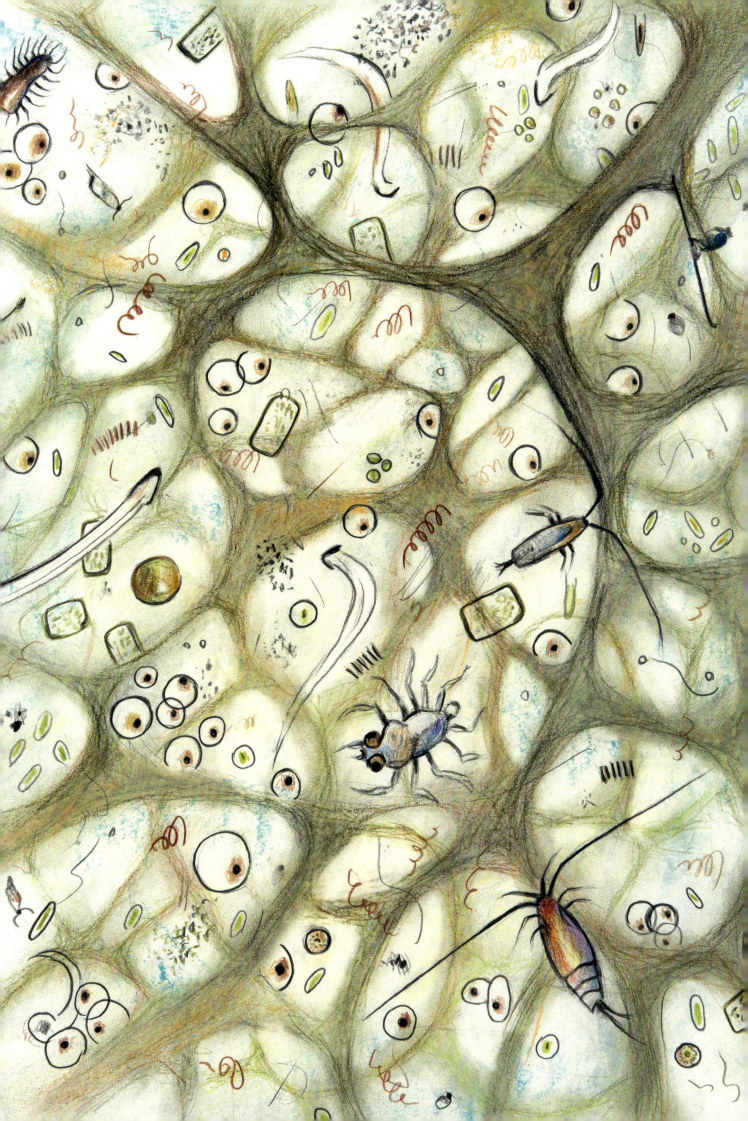

Wie entsteht ein neuer Schwamm?

Ausgewachsene Schwämme können weiblich oder männlich sein. Oft sind Schwämme auch Zwitter, also Lebewesen, die beide Geschlechter aufweisen.

Werden Schwämme abgerissen oder verletzt, sind sie in der Lage, die fehlenden Teile nachwachsen zu lassen. Die abgerissenen Teile können ebenfalls zu einem ganzen Schwamm werden. Ein zerstückelter Schwamm kann also nicht nur überleben, sondern sich gleichzeitig vermehren, wenn alles gut geht.

Möglichkeit 1: Knospung
Schwämme können Knospen bilden, ähnlich wie Pflanzen. Die Knospen sprießen an der Außenhaut, lösen sich vom Schwamm ab und werden zu Larven. Wenn diese sich am Boden festsetzen, wächst ein neuer Schwamm heran.

Schwammlarven sind nur einige tausendstel Millimeter groß und haben unterschiedliche Formen. Viele jedoch besitzen Geißelfäden. Ihre Drehbewegungen wirken als Antrieb.

Möglichkeit 2: Befruchtung
Die Befruchtung der Eizelle mit Samen geschieht im Hohlraum des Mutterschwamms oder außerhalb im Wasser. Nach einiger Zeit entsteht aus dem befruchteten Ei eine Larve. Die kann zuerst im Meer umhertreiben, ehe sie sich am Boden festsetzt, um zu einem neuen Schwamm heranzuwachsen.

Naturschwämme werden heute angebaut

Seit über 2000 Jahren tauchen Menschen nach Schwämmen, um sie als Reinigungswerkzeug zu nutzen. Auf der Haut fühlen sich manche Hornschwämme weich an, aber sie helfen doch, Schmutz wegzureiben. Heute benutzen wir im Haushalt viele Arten von Kunststoffschwämmen. Im Gegensatz dazu nennt man die gewachsenen »Naturschwämme«, auch wenn sie gezüchtet werden.

Für das »Aquafarming« schneiden Taucher von einem großen Schwamm einen Teil ab, zerkleinern ihn und befestigen die kleinen Stücke an verankerten Schnüren. Die Schwammstücke müssen dabei feucht bleiben, da sie nur im Wasser leben können. Die Stücke wachsen wieder zu ganzen Schwämmen heran. Angebaut werden vor allem Schwammarten, die rasch wachsen.

Die geernteten Schwämme trocknen an der Luft. Danach entfernt man kleine Tiere, Sand und Kalkablagerungen aus dem Schwamm. Er wird so lange gewaschen, bis nur noch sein Skelett aus weichem Spongin übrig bleibt. Wenn wir uns im Bad mit einem Naturschwamm abreiben, dann haben wir eigentlich ein Skelett (oder »leere Wände«) in der Hand.

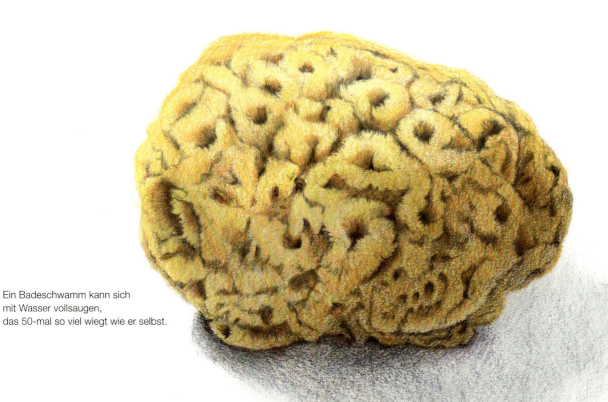

Ein Badeschwamm kann sich mit Wasser vollsaugen, das 50-mal so viel wiegt wie er selbst.

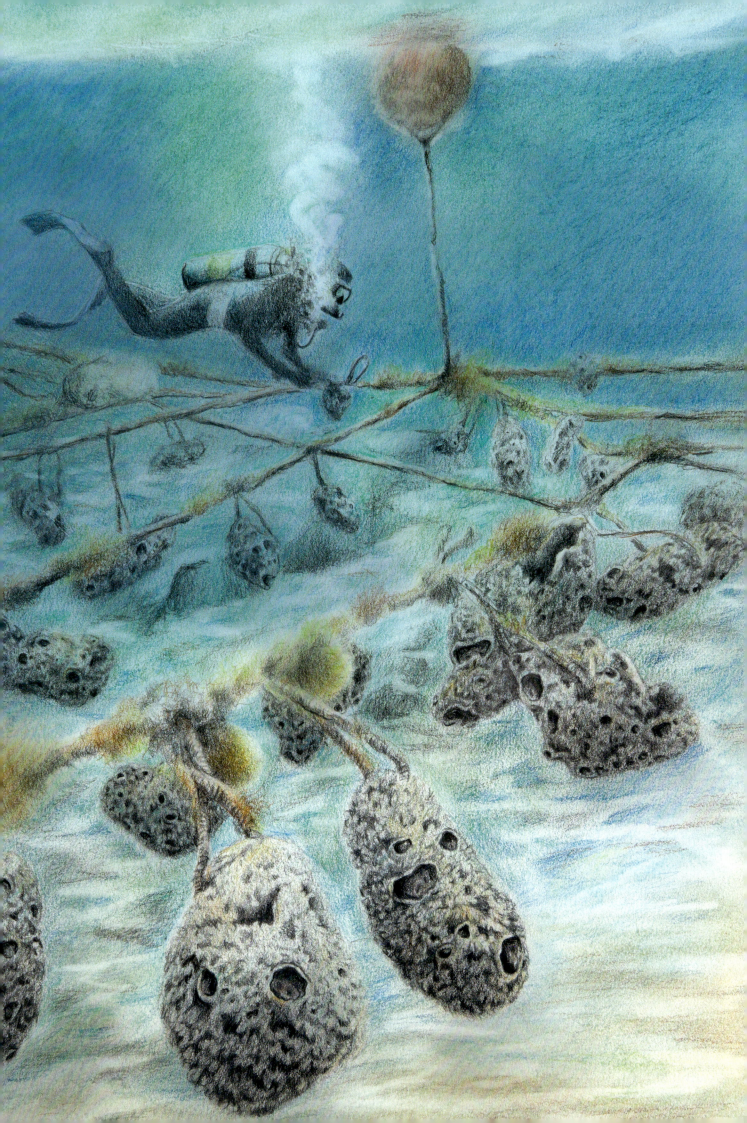

Fressfeinde des Schwammes

Für viele Tiere sind Schwämme nicht genießbar, denn sie haben Nadeln, sind hart oder produzieren Abwehrstoffe. Dennoch fressen manche Meeresschnecken, Meeresschildkröten und Fische mit Vorliebe die Oberfläche bestimmter Schwämme ab, etwa so, wie Kühe das Gras auf der Wiese abweiden.

Meeresschildkröte
Vor allem die Pazifische Karettschildkröte ernährt sich von Schwämmen, denn die Schwammgifte können ihr nichts anhaben. Sie lebt in seichten Korallenriffen und kann bis zu 90 cm lang werden.

Wie schützt sich ein Schwamm?

Einige Schwämme sind für viele Tiere giftig. Weil ein Schwamm nicht davonschwimmen kann, sind die Gifte seine überlebenswichtige Abwehr. Schutz vor hungrigen Tieren bieten auch die harten, spitzen Skelettnadeln im Körper vieler Schwammarten. Zudem sind viele Schwämme nicht wirklich nahrhaftes Futter.

Meeresschnecken
Manche Meeresschnecken können Schwämme anknabbern, ohne dass ihnen die giftigen Stoffe schaden. Sie nutzen die Nahrung sogar zur Abwehr, indem sie das Schwammgift in ihrem Körper speichern. Solche Meeresschnecken sind deshalb auffallend bunt. Ihre Farben warnen »Achtung, giftig!« und schrecken hungrige Fische ab. Greift ein Fisch dennoch an, lassen einige Schnecken eine Hautblase aufplatzen: Giftstoffe treten aus und verjagen den Fisch.

Wann stirbt ein Schwamm?

Wie andere Tiere sind Schwämme auf bestimmte Lebensräume spezialisiert und sterben, wenn sich diese stark verändern – zum Beispiel wenn das Wasser zu warm wird oder zu wenig Sauerstoff enthält. Auch wenn zu viele Sandkörner die Poren eines Schwammes verstopfen, ist sein Leben gefährdet. Er kann dann keine Nahrung mehr aufnehmen und verhungert. Stürme, die Sand aufwirbeln, sind eine Gefahr, und Fischernetze, die über den Meeresboden geschleppt werden, eine große Bedrohung. Auch Massen an Bakterien und Algen können die Poren verstopfen.

Nach dem Tod der Schwämme bleiben ihre Skelette zurück. Sie bilden dichte Matten am Meeresgrund, die den Boden festigen. Das ist wichtig für verschiedene Lebensräume im Meer.

Vorgelagerte Riffe sind nicht nur wichtige Lebensräume, sie schützen auch Sandküsten vor hohen Wellen.

Korallen und Schwämme bilden Riffe

Riffe sind Erhebungen am Meeresgrund. Die meisten Riffe haben sich in tropischen Meeren gebildet. Ein Riff entsteht, weil die Skelette bestimmter Korallen an ihrem Fuß Kalk abscheiden. Das Riff wächst also in die Höhe.
Auch manche Schwämme können Riffe aufbauen oder zur Riffbildung beitragen.

Diese Erhebungen können im Lauf von Jahrhunderten so weitläufig und so hoch werden, dass sich Inseln bilden. Das Meer ist im Schutz eines Riffs ruhiger und wärmer. In den Nischen und Höhlen reifen Eier unzähliger Meerestiere.
Und geschützt vor starken Wellen wachsen die jungen Meerestiere heran.
Übrigens sind auch Korallen Tiere und nicht Pflanzen, genau wie die Schwämme.

Paradiesische Vielfalt

Die Riffe – die Korallen und Schwämme geschaffen haben – sind Gebiete, in denen viele Arten leben. Ähnlich wie in den Regenwäldern an Land hat sich auch hier eine besondere Vielfalt an verschiedenen Tier-, Pflanzen- und Algenarten entwickelt. Umso erschreckender ist, dass Erwärmung und Verschmutzung des Wassers das vielschichtige Zusammenspiel bedrohen.

Welche Tiere und Pflanzen erkennst du hier?
Die Namen findest du am Schluss des Buches.

Außergewöhnliche Schwämme

Giftiger Schwamm

Warnen statt Tarnen gilt auch bei einigen Schwammarten: Das Rot des *Negombata magnifica* schaut schön aus. »Magnifica« ist denn auch lateinisch für »wunderbar«. Aber eigentlich ist das Rot eine Warnfarbe, denn der Seeschwamm sondert bei Berührung eine giftige, rötliche Flüssigkeit ab, die für Fische tödlich ist.

Schnellster Schwamm

Weil alle andern Schwämme am Ort bleiben, sind 2 mm pro Stunde ein Eiltempo. Der *Tethya wilhelma* ist so groß wie eine Murmel und rund. Aber er rollt nicht, sondern er fließt sozusagen vorwärts.

Leuchtender Schwamm

Der *Callyspongia plicifera* ist einer der buntesten Schwämme überhaupt. Er sieht aus wie eine Vase mit vielen Vertiefungen und bewohnt Korallenriffe in der Karibik, Bahamas und in Florida. Er kommt in vielfältigen Farbtönen vor, von Rosaviolett bis hin zu einem fluoreszierenden Blau.

Größter Schwamm

Ein Schwamm aus der Familie der *Rossellidae* lebt in 2100 Metern Tiefe vor der Küste von Hawaii. Gut geschützt in einer Höhle ist er so gewachsen, dass er heute die Größe eines Kleinwagens hat.

Delfine brauchen Schwämme als Werkzeug

Nicht nur Menschen, sondern etwa auch Affen oder Vögel nutzen Werkzeuge. Das war schon lange bekannt. Erst vor wenigen Jahren aber beobachteten Forscher an einer Küste vor Australien, wie Delfine Schwämme ablösen und über ihre Schnauze stülpen. Die Weibchen suchen sich kegelförmige, hohle Schwämme, um damit den Meeresboden aufzuwühlen.
Sie wirbeln so Beutetiere auf und schützen ihre Schnauzen vor Verletzungen am steinigen Grund. Von Wissenschaftern wird diese Fähigkeit »Sponging« genannt. Abgeleitet vom englischen Wort »Sponge« für Schwamm.

Fressen und gefressen werden

In den Tiefen der Ozeane fehlt das Licht, das viele Pflanzen und Kleinstlebewesen brauchen. In dieser Umgebung ist die Nahrung deshalb knapp. Einige Tiefseeschwämme haben sich deshalb zu Räubern entwickelt. Sie filtern ihre Nahrung nicht einfach aus dem Wasser, sondern sie erbeuten kleine Tiere.

Wer ist hier der Schwamm?

Anglerfische sind Meister der Tarnung. Es gibt viele verschiedene Arten, und fast alle sind Räuber. Dieser Anglerfisch tarnt sich, indem er seine Körperform einem Schwamm angleicht. Er hat sogar Poren wie sein Vorbild. Und statt wie sonst leuchtend gelb herumzuschwimmen, hat er sich farblich den Schwämmen der Umgebung angepasst. So erkennen ihn seine Beutetiere kaum, wenn er ihnen auflauert. Und hungrige Tiere, denen der Anglerfisch selbst vielleicht schmecken würde, halten ihn für einen harten, ungenießbaren Schwamm.

Chondrocladia

Schwämme dieser Gruppe haben einen Stängel, der im Untergrund verankert ist. Einige sehen aus wie Blumen, doch in den feinen Armen stecken harte Skelettteile, deren Enden die Form von Widerhaken haben. Mit ihnen fangen diese Fleischfresser kleine Krebstierchen.

Bei anderen sitzen die Kragengeißelzellen außen am Körper. Sie blasen sich zu kleinen Ballonen auf. Die Borsten an den Ballonen funktionieren ähnlich wie ein Klettverschluss: Krebstiere bleiben haften und werden dann langsam verdaut.

Chondrocladia lyra

Erst im Jahr 2000 hat man diesen hübschen räuberischen Schwamm entdeckt. Er ist ungefähr 50 cm groß und lebt im Pazifik in mehr als 3000 m Tiefe. Wenn Beutetiere an den Schwamm stoßen, bleiben sie kleben und werden mit Verdauungssäften umhüllt. Die Nährstoffe des Opfers nimmt der Schwamm dann auf.

Um gute Häuser wird gekämpft.
Ein Einsiedlerkrebs kann mit seinen Scheren
bis zu 113 Schläge pro Minute austeilen.
Der Gewinner zieht dann in das neue Haus ein.

Schwämme in Süßwasser

Nur wenige Leute wissen, dass in den meisten Seen und Flüssen Süßwasserschwämme leben. Vielleicht wachsen sie auch ganz in deiner Nähe. Die Tiere sitzen auf Steinen, Wasserpflanzen, toten Ästen oder anderen Dingen und sind oft ziemlich klein. Sie bilden Krusten, Klumpen oder fingerförmige Auswüchse. Manche können sogar so hoch wie ein erwachsener Mann werden.
Wenn das Gewässer austrocknet oder im Winter alles Wasser gefriert, bilden viele Schwämme kleine Zellkugeln. Sie überleben, und wenn die Bedingungen wieder besser sind, wachsen sie zu neuen Schwämmen heran.

Der Süßwasserschwamm ist grün gefärbt,
weil winzige Grünalgen in seinen Geweben hausen.
Hier sind sie gut geschützt. Als Gegenleistung
liefern sie dem Schwamm Nährstoffe und Sauerstoff.